RÉSUMÉ

DE L'OPINION PUBLIQUE.

LE NORMANT FILS, IMPRIMEUR DU ROI,
RUE DE SEINE, N° 8.

RÉSUMÉ

DE

L'OPINION PUBLIQUE,

OU

REVUE DES JOURNAUX

DEPUIS LA MORT DE LOUIS XVIII JUSQU'A CE JOUR ;

PAR M. L. B. D. S.

Heureux le Monarque qui écoute l'opinion
publique, qui tire d'elle sa propre conviction.

FÉNELON.

PARIS.

TOUS LES MARCHANDS DE NOUVEAUTÉS

1er JANVIER 1826.

AVERTISSEMENT.

Les différens morceaux que nous avons rassemblés dans cette brochure n'ont rien perdu du mérite de l'à-propos et des allusions. Nous avons dû quelquefois en réunir plusieurs dans un seul article, ce qui nous a privés d'indiquer les endroits où ils ont été puisés.

Au moment où je livrois à l'impression cette brochure, je lus dans un journal cette phrase : « Si l'on faisoit » un résumé de tous les écrits inspirés

» par l'animadversion publique contre
» les ministres, M. le Président du
» Conseil pourroit fournir d'amples
» matériaux; chaque jour voit aug-
» menter son bagage littéraire. »

J'ai cru devoir commencer par les
feuilles périodiques, et si ma méthode
est goûtée, je rapporterai avec la
même sincérité tout ce qu'on a dit
de plus saillant en vers et en prose sur
le même sujet, à moins qu'on ne retire le pouvoir des mains de celui qui
en use si mal.

Au reste, et je me hâte de l'obser-
ver, lorsqu'il s'agit du ministère en
général, on n'entend parler que de
trois hommes seulement.

INTRODUCTION.

Les journaux sont les véhicules de l'opinion. Se vendent-ils, se prêtent-ils à la déception? rien de plus vil. Sont-ils inflexibles, amis de la vérité et de l'intérêt public, rien de plus noble, de plus utile, de plus digne d'estime. Flattent-ils un lâche ministre pour lui attraper un argent qui n'est pas à lui, c'est un vol manifeste.

Faire voter un budget d'un milliard, en obtenir un autre sous prétexte d'indemnité, accaparer tous les moyens de corruption pour conserver son portefeuille; sacrifier la France et sa prospérité, le trône et ses véritables appuis, à son intrigue et à sa propre fortune; voilà les hautes pensées d'un pygmée qui croit déjà que la monarchie lui appartient.

Peu lui importe de se désavouer lui-même pourvu

qu'il conserve sa place. C'est en vain que nous avons
tâché de dissiper cette ivresse du pouvoir qui cause des
vertiges; cette ivresse si féconde en illusions présentes
et en regrets tardifs.

RÉSUMÉ

DE

L'OPINION PUBLIQUE.

CHAPITRE PREMIER.

LA sincérité, la candeur, la loyauté, la débonnaireté sont sur le trône ; et tous les défauts contraires sont à côté. Quel est l'homme le plus ambitieux du monde, qui, à la place de M. de Villèle, ne se retireroit pas confus et honteux d'avoir pesé si long-temps et si cruellement sur la France ?

Lui, au contraire, met en question de savoir si la dissolution de la Chambre ne pourroit pas encore prolonger son existence ; s'il court plus de dangers avec les députés actuels, ou les députés nouvellement élus : c'est ainsi qu'il pose la question.

N'est-il pas affligeant de voir dans la même balance les destinées de la patrie et les intérêts privés d'un seul individu? On peint sous des couleurs noires sa position et celle de la France; et l'on conclut de là qu'il faut que l'un ou l'autre s'en aille! Qui des deux s'en ira? Cette alternative est cruelle.

Dans les départemens, M. de Villèle est jugé bien plus sévèrement qu'à Paris. Des fonctionnaires publics qui ont voulu prendre sa défense, ont vu se déclarer contre eux des hommes dont ils avoient reçu l'accueil le plus distingué.

Pourquoi le dissimuler? M. de Villèle n'a pour lui que quatre hommes en France, et c'est encore trop. Malheur au pays où le premier ministre marche à rebours de l'opinion!

CHAPITRE II.

Corruptio optimi pessima.

La corruption de ce qui est excellent est la pire des corruptions. Nous faisons en ce moment une bien triste épreuve de cet antique adage. Le gouvernement représentatif est excellent, parce que, fondé sur la publicité, il promet à tous la sainteté des engagemens. Comment supposer qu'un gouvernement qui a promis à la face de tout un peuple, se jouera effrontément de ses promesses?

M. de Villèle est comptable du dommage qu'il a causé à la France entière; l'honneur des Chambres doit exiger ce compte. Les députés et les pairs ont droit d'accuser ce ministre de déloyauté et de perfidie. Tout le monde a le droit de prendre M. de Villèle à partie, de lui demander la réparation du dommage qu'on a souffert.

La responsabilité des ministres est une condition du gouvernement représentatif. Si nous n'étions pas privés de cette condition, un ministre oseroit-il se jouer de la foi publique, de sa propre parole, et de tout ce qu'il y a de plus sacré parmi les hommes? Français de toutes les classes, il dépend de vous que tant d'audace ne reste pas impunie.

Déjà une sorte d'effroi s'est emparée de l'auteur de tant de mesures injustes et ruineuses; déjà il est dévoué à la vindicte de l'opinion; espérons que le temps viendra où justice en sera faite!

CHAPITRE III.

Pourquoi la France n'a-t-elle pas retrouvé sa joie ? C'est qu'un aveugle ministre ne cesse d'attaquer l'ouvrage de Louis XVIII.

Le sage monarque, déjà penché sur sa tombe, avoit laissé de tristes ministres couvrir leurs fautes du silence, en suspendant la plus précieuse de nos libertés ; Charles X nous l'a rendue : mais déjà elle fait sentir son poids aux médiocrités alarmées. On parle de nous la ravir de nouveau. Qu'on y prenne garde ; il n'est aujourd'hui au pouvoir de personne de renverser impunément nos institutions.

La Charte est le port qui peut nous mettre à l'abri des orages ; mais ceux qui en sont si imprudemment sortis ne peuvent pas y rentrer ; le vaisseau de l'Etat a besoin d'autres pilotes pour en retrouver le chemin. Ceux d'aujourd'hui ne connoissent que la route des écueils.

Au dehors on marche au républicanisme, au dedans on rêve un arbitraire impossible. Le crédit public étoit fondé, un ministre est venu en déranger toutes les bases en inquiétant toutes les fortunes.

Il seroit temps de mettre un terme à cet agiotage immoral, à ce trafic honteux qui a ruiné tant de familles, et entraîné tant et de si déplorables catastrophes.

CHAPITRE IV.

Dans le moment où M. de Villèle ouvroit l'abîme de son système, il ne cessoit de répéter que rien n'étant capable de troubler la paix en Europe, le crédit de la France ne pouvoit être ébranlé.

C'est ainsi qu'il reconnoissoit que, s'il arrivoit quelque chose, sa loi financière seroit calamiteuse, et cette concession de sa part devoit la faire repousser ; car qu'est-ce qu'un plan qui est à la discrétion d'une circonstance imprévue et qui peut se briser contre un accident ?

Au sein de la paix la plus profonde, quel homme d'Etat digne de ce nom peut compter sur un calme de cinq années, et subordonner ses opérations à la confiance qu'il ne sera pas interrompu? Il seroit aussi insensé qu'un navigateur qui, voyant une mer paisible et un temps serein, s'embarqueroit pour une longue traversée sans prévoir les tempêtes, et sans aviser aux moyens de soustraire une riche cargaison à la fureur des flots.

M. de Villèle n'a pas même l'excuse d'une si funeste illusion. Quand il aventuroit si imprudemment la fortune publique, le ciel n'étoit pas sans nuage, à moins qu'il n'ait pris l'horizon de la Bourse pour les bornes du Monde. L'orage grondoit même à côté; la paix n'étoit pas rendue à l'Espagne; une vaste conjuration y étoit ourdie.

Il étoit impossible de s'y tromper, à moins d'avoir des yeux pour ne point voir et des oreilles pour ne pas entendre. L'éruption des volcans est toujours précédée de quelques traits avant-coureurs, et cette fois ils grondoient assez fort. Il y avoit assez long-temps que les passions les plus ardentes bouillonnoient au fond du cratère, pour qu'on jugeât que l'explosion devoit être prochaine.

CHAPITRE V.

COMMENT M. Joseph de Villèle ose-t-il rester à la tête de l'administration ? Comment ose-t-il braver à ce point l'opinion publique ? Comment ne montre-t-il pas plus de sensibilité pour lui-même, et plus de respect pour la couronne ?

« Nous sommes arrivés à une époque où les armes du raisonnement ne font que glisser sur la cuirasse, à l'abri de laquelle on brave la probité publique. Le fouet de la satire peut à peine effleurer les cœurs dépravés par le pouvoir et endurcis par la cupidité.

Mes sentimens pour M. de Villèle sont connus, dit un savant, ils ne changeront pas ; ils ne peuvent changer, nés qu'ils sont de quelque chose de pis que ses fautes. Le temps ne sauroit les effacer ; en les éloignant de nous, il ne fera que les rapprocher de l'histoire chargée de les flétrir.

Comment se présentera-t-il aux Chambres, s'il va jusqu'aux Chambres, avec la chute des 3 pour 100, l'affaire Ouvrard et celle de Saint-

Domingue ? Quant à celle-ci, il n'y a qu'un moyen pour rentrer dans la constitution octroyée par Louis XVIII, et jurée par Charles X. 1° Convertir l'ordonnance royale en loi à la prochaine session. 2° Demander un acte d'abolition pour les ministres. 3° Mettre en accusation les mêmes ministres.

C'est alors qu'on verroit clairement que les hommes chargés d'élever la France au faîte du bonheur et de la gloire, l'ont précipitée dans l'abîme du malheur. On pense assez généralement que S. M. Charles X méprise au suprême degré celui dont la première syllabe du nom renferme le nom entier ; mais qu'il n'ose lui dire de se retirer. Cependant, ce n'est pas à l'ombre du trône qu'il peut laisser la fausseté se jouer de la fortune de l'Etat, et de celle de ses sujets.

CHAPITRE VI.

Pourquoi le parti ministériel en France ne se montre-t-il pas aussi violent qu'en Espagne? C'est qu'il ne le peut. Délivrez-le des institutions dont il est muselé, et qu'il essaie de déchirer sans cesse, et vous verrez ce qu'il fera. Il ne se borne aux outrages, aux injures, aux calomnies, aux ingratitudes, aux destitutions que faute de mieux. Donnez lui la censure, et il augmentera le poids de son oppression; supprimez la Charte, il vous étouffera pour justifier ses fautes, il vous fera disparoître pour cacher ses crimes.

La France n'oubliera jamais que le premier acte du règne de Charles X a été de briser les fers de la presse esclave, de nous rendre un droit précieux consacré par la Charte, celui de discuter les actes du pouvoir, de signaler ses abus, et de porter au pied du trône les gémissemens de l'opprimé. La France ne sauroit oublier le serment solennel qui garantit la loi fondamentale, et contre lequel viendront se briser tous les efforts de la perfidie ministérielle.

La liberté de la presse est un contre-poids à l'arbitraire; elle force les hommes qui l'exercent à quelque retenue, à quelque pudeur. C'est au monarque seul que nous avons cette immense obligation.

Ne comptons pas sur la bonhomie de la sottise : en politique la sottise est féroce. La médiocrité a son fanatisme; c'est une religion qui choisit les plus belles victimes. On diroit que les ministres ne comprennent rien, ou qu'ils feignent de ne pas comprendre ! est-ce ignorance, stupidité ou mauvaise foi ?

CHAPITRE. VII.

Les fautes ont été énormes en finances et en politique ; elles sont prouvées par les faits. Villèle doit au roi et à la France de se retirer. Il est impossible qu'il conserve sa place après avoir échoué dans un projet si important. Les émigrés eux-mêmes l'appellent tricherie politique. Il vouloit faire du crédit à coup de gazettes et d'ordonnances. Son opération est avortée, repoussée par l'opinion, stigmatisée par tous les connoisseurs en finances.

Disons-le : cet homme coûte trop cher à la France ; un grand génie seroit trop payé à ce prix. Il a compromis tous les intérêts, violé tous les droits, menacé toutes les existences, contre l'esprit et la lettre de la Charte que Charles X a jurée.

Ferons-nous remarquer que les actions de Villèle sont en contradiction manifeste avec ses paroles? Ce seroit peine perdue, et il pourroit nous dire : Comment! vous n'y êtes pas encore habitués!

Ajoutons ici le reproche qu'on lui fait d'acheter des lustres de vingt mille francs pour éclairer sa *bonne mine!* Un particulier peut faire ce qu'il veut de sa fortune, mais un ministre de finances est criminel lorsqu'il condamne vingt millions d'hommes à manger du pain noir pour payer les hochets de sa vanité.

CHAPITRE VIII.

Le président du conseil se fait une gloire d'avoir vendu Saint-Domingue pour faire une république. Cet homme aime les entreprises colossales et les pas de géant ; mais avec de petits pieds et de petites mains, on n'avance pas, et l'on remue peu de chose.

Son 3 p. 100 est appelé définitivement l'enfant perdu de son imagination, de sa passion, de son erreur, de son imprévoyance, et de son besoin de perpétuer et d'étendre la corruption.

Le plus grand bienfait pour la France seroit sa retraite et celle de la plupart de ses collègues ; ils marchandent des procès, des opinions et des hommes ; ils attaquent l'indépendance des tribunaux et des libertés publiques ; ils alarment le commerce et font tomber le crédit ; ils joignent la foiblesse à l'obstination, la témérité à l'impuissance.

La patience est au moment d'échapper. Eux seuls paroissent l'ignorer. La supériorité qui s'égare, gémit quand l'opinion l'abandonne ; mais l'infériorité qui tombe, se fait une grandeur de l'indignation publique.

Tous les matins en se levant on croit entendre dire que Villèle et consorts sont chassés du conseil, et l'on est étonné de les retrouver en place. Que font-ils au milieu de ce feu croisé dirigé contre eux ? Que fait l'homme du 3 pour 100 ? Est-il malheureux ? Est-il inquiet au moins ? Pas du tout, il est aussi calme, aussi tranquille que s'il commandoit encore les nègres de l'Ile-Bourbon.

CHAPITRE IX.

Ou en sommes nous? où veut-on nous conduire? Qui trompe-t-on? Personne ne s'entend ;
jamais la confusion ne fut plus complète. Choi-
sissez , dit le ministère, entre la congrégation et
la féodalité. La France choisit la Charte qui lui
garantit ses droits, ses libertés , et le libre exer-
cice de ses croyances religieuses.

La France choisit la Charte émanée du monarque de la restauration, jurée par son successeur au pied des autels. Malheur à celui qui osera
porter sur elle une main sacrilége! Que le ministère cesse de la regarder comme un obstacle
à son ambition. Qu'il sache qu'elle est l'âme
du corps politique.

Qu'il végète tant qu'il pourra à l'ombre
des institutions qu'il a froissées, ce ministère
hermaphrodite, né du présent et du passé, et
dont l'existence est incompatible avec la loi
fondamentale du royaume. Les jésuites et les
ministres tomberont, la Charte restera debout,
parce que la Charte est la France et le Roi; et

que les ministres et les factions ne sont ni l'un ni l'autre.

Le ministère tombera sous le poids de l'opinion publique qui le condamne; et l'on assure que la Chambre lui refusera la loi financière pour le punir d'avoir manqué aux engagemens qu'il avoit contractés.

CHAPITRE X.

L'ACTE ministériel de Saint-Domingue, à peine connu, a porté le trouble dans tous les esprits. Les cabinets se sont émus; tous les intérêts semblent avoir été froissés. On peut dire sans exagération que le monde entier en a retenti.

Le Gascon, étonné de ce qu'il a fait, ne le comprend pas encore, et son étroit cerveau ne peut imaginer qu'il ait enfanté une république! Il n'y en avoit qu'une dans les Amériques, il y a quarante ans; il n'y a plus aujourd'hui qu'une seule monarchie.

Voilà donc le monde partagé, et le partage n'est pas même égal. Le système monarchique est singulièrement affoibli; ce sont les rois eux-mêmes qui nous le disent, puisqu'ils font un faisceau de leurs épées, jugeant très-bien qu'une seule n'est pas assez forte. En effet, s'il y a encore dans notre hémisphère plus de royaumes que de républiques, il y a plus d'idées républicaines qu'on ne pense, même sous le sceptre des plus antiques royautés.

Applaudissons à la justesse du coup d'œil de nos ministres. C'est ce moment qu'ils ont choisi pour mettre les mains dans une fourmilière de nègres indépendans. Lorsque les républiques se, font trop d'elles-mêmes, ils viennent encore les aider à se faire. Loin d'élever des digues, ils abattent les obstacles; et lorsque nous leur di-. sons de suivre une autre route que celle dans laquelle ils se laissent conduire, ils croient qu'il s'agit de leur portefeuille, et crient : Tout est tranquille. Tout étoit tranquille aussi dans Lis-bonne, une heure avant la catastrophe qui la détruisit. On y dormoit même; mais l'heure passe, elle passe vite ; et du repos de la vie, tout est plongé dans le repos de la mort.

CHAPITRE XI.

Anniversaire de la mort de Louis XVIII.

Lorsqu'on célèbre quelques unes de ces pompes qui commandent la joie ou la douleur, on oublie un moment les auteurs de tous nos maux. Avec quel plaisir on cesse de combattre ! avec quel dégoût, quelle lassitude on reprend les armes ! combien il est dur de répéter les mêmes vérités à des hommes inaccessibles aux remords, endurcis aux reproches ! Comme de vieux soldats qui reprennent au lever du jour leur sac pour continuer leur route, nos ministres chargent tous les matins leurs épaules du poids de l'animadversion publique, et cheminent ainsi jusqu'à la couchée : pourvu qu'ils puissent remuer des millions à leur fantaisie, ils comptent pour rien leur fardeau.

Ecoutez-les ; ils vous diront que la France est florissante au dedans ; puissante au dehors ; ils prennent la fertilité du sol, les bienfaits de la Charte, la force de la nation pour leur ouvrage, tandis qu'il mettent en péril tout ce qui nous est cher. Cette erreur est commune à tous les ministres qui cherchent à se faire illusion sur leurs fautes.

L'énumération en seroit trop longue; mais prêtez l'oreille, et vous entendrez : car il est plus que temps de le dire, vous entendrez jusque dans les classes populaires des propos qui vous feront connoître où votre système conduit la monarchie.

CHAPITRE XII.

Nos hommes d'Etat ne conçoivent bien qu'une chose, c'est par quels moyens on peut conserver le pouvoir malgré la loyauté du Prince et l'aversion de la nation tout entière. Que leur importe la prospérité de la France, pourvu qu'ils continuent à braver l'opinion qui les repousse et à s'enrichir aux dépens de l'Etat? N'est-il pas juste que leur intérêt soit préféré à celui du pays?

La mission de veiller au salut de l'Espagne fut confiée au ministère français, à des hommes

sans énergie et sans prévoyance. La petitesse
des vues du président de ce ministère est telle
qu'il a été incapable de saisir les circonstances
les plus heureuses.

« En Grèce, il a fallu tout le dévouement, tout
le courage, tout l'héroïsme des nouveaux Spar-
tiates de l'Archipel et du Péloponèse pour résister au massacre de la population; des chrétiens
se sont faits les auxiliaires des Turcs pour égor-
ger des chrétiens; et si le Ciel eût secondé leurs
efforts, le berceau de la civilisation du monde
eût disparu sans retour.

Cela n'est pas étonnant : l'état de Paris même
est bien affligeant. Cette cité, naguère encore si
paisible et si florissante, est en proie aux plus
vives alarmes. Chacun tremble pour sa fortune,
et les plus heureux seront ceux qui n'auront
perdu que le tiers ou le quart de leur patri-
moine.

Pour comble de désolation, la France est en
proie à la servitude ministérielle, malgré qu'elle
ait l'intime conviction qu'on n'enchaîne plus la
liberté de la presse qui a mis dans un si grand
jour l'affection des Français pour son Roi.

CHAPITRE XIII.

LE crédit rétabli par la paix et l'industrie du peuple français a été détruit par l'arbitraire; les déceptions, les jongleries, les dilapidations, et par cette corruption effrontée qui a fait de la France un vaste encan où se vendent toutes les vertus publiques et privées.

C'est aussi le résultat du système de finances le plus fou qui jamais soit sorti du cerveau d'un agioteur. Tout le monde en a été dupe, hors celui qui l'a créé, et ici le créateur s'est singulièrement fourvoyé. Nous ne parlerons pas des milliers de familles plongées dans le désespoir, mais nous parlerons de la France entière.

Quelle attitude peut prendre la France avec une dette immense? notre position financière et politique est alarmante pour l'avenir. Rien n'a été prévu par le ministère; il a fait des affaires, mais ce n'est pas celles de la France; l'ivresse du pouvoir, de l'amour-propre, du désordre et de l'anarchie a favorisé ses desseins et son ambition.

Cependant il faut leur rendre la justice qui leur est due. C'est une merveille qu'un simple conseiller de préfecture, aidé de deux avocats médiocres, même dans leur province, aient eu l'audace et la témérité de s'atteler au timon du gouvernement! Etoit-ce bien là le char qu'ils pouvoient traîner? Personne ne le pense. Qu'ils se retirent donc s'ils veulent le bien de leur pays, ils jugeront, à la joie générale, combien leur départ étoit désiré.

CHAPITRE XIV.

De la Charte.

LES ministres voudroient violer la Charte que le Roi a jurée, pour enchaîner la presse; ils voudroient que personne en France ne pût écrire sans leur permission. Ce seroit l'âge d'or ministériel; l'arbitraire sans bornes et sans contrôle; les plus justes plaintes étouffées; les chaînes de la congrégation forgées et portées sans bruit par une nation éclairée. Et quand tous les Français seroient enchaînés et muets, on s'écrieroit encore : *La France est heureuse et libre.*

Non, la France n'est ni heureuse ni libre, puisque l'arbitraire le plus effronté outrage officiellement la magistrature française, parce qu'elle refuse et refusera toujours de se prêter aux caprices du pouvoir. *La Cour rend des arrêts, et non des services,* a dit M. le président Séguier.

Qui peut voir sans indignation qu'un ordre de M. Franchet puisse empêcher un Français de voyager hors de son pays, et dans son pays même? La Charte accorde des droits que M. Franchet ne veut pas reconnoître; donc M. Franchet viole la première des lois que Charles X a jurées.

Il y a des êtres assez bornés pour se plaindre des sages institutions que nous devons à la bienfaisance de nos monarques! qu'il suffise de leur opposer deux de nos plus saints et de nos plus doctes prélats, deux des plus grands et des plus beaux génies qu'ait produits la France, Fénélon et Bossuet! ils ont été les apôtres de nos libertés.

Qu'elle vive donc à jamais notre Charte; qu'elle pousse de profondes racines parmi nous; que son exécution franche et loyale porte la joie, le bonheur et la paix dans le cœur de tous les Français.

CHAPITRE XV.

La prolongation de Villèle, Corbière et Peyronnet au ministère blesse les âmes délicates et afflige les gens de bien. Leur présence aux affaires est une calamité pour tout le royaume ; elle pèse sur sa joie et en comprime les élans. Charles X pourroit y remédier d'une seule parole. Il y a une si grande discordance entre de tels serviteurs et un tel maître, qu'il ne sauroit trop se hâter de les faire disparoître.

Ah ! malheureux, n'attendez pas qu'on vous chasse ! Si vous respectez le Roi, si vous ne bravez la France, retirez-vous : il ne vous reste que ce moyen de les servir tous deux.

Trop long-temps nous avons souffert de votre administration mesquine, injuste, cruelle et odieuse. Vous avez cru que pour gouverner il falloit corrompre, tromper et tyranniser ! Votre erreur est trop grande : le règne de la déception est passé, celui de la franchise commence, retirez-vous si vous m'en croyez.

Vous êtes abandonnés de tous les partis et

de toutes les opinions : pas une âme qui ne vous abhorre, qui ne vous déteste, qui ne vous maudisse. Je conçois que la charge est bonne, et surtout lucrative, qu'il est difficile de la quitter sans une espèce de chagrin.

Voilà sans doute la pensée qui vous occupe, et à laquelle vous n'avez cessé d'être fidèles, depuis le premier jour de votre entrée au ministère jusqu'à ce moment. On croit même que si une bonne action avoit été compatible avec elle, vous auriez été capables de la faire pour ne pas en dévier.

RÉFLEXION.

Que vouloit M. Villèle devenu le coryphée d'une violente opposition? être ministre. Que veut M. Villèle parvenu au pouvoir? rester ministre. Qu'il ait quitté aussitôt son élévation, le parti dont il étoit le chef par ambition ; qu'il ait sacrifié sans scrupule les hommes qui l'avoient élevé, rien de moins étonnant; mais que cet homme sacrifie la France elle-même au désir de rester en place, voilà ce qui a droit d'étonner.

Au lieu d'être un ministre habile, Villèle est

un de ces ministres vulgaires dont la politique cède au souffle de l'opinion du jour ; il ne commande pas , il obéit ; n'ayant pas assez d'étoffe pour être chef, il s'est fait instrument. Il regarde toujours de quel côté vient le vent.

Un tel homme pense à lui et non à son pays. S'il n'obéissoit pas, il tomberoit du ministère. Il le sait, et sans consulter l'intérêt du trône , ni celui de la France, il se précipite en aveugle dans les démarches les plus téméraires.

Après le projet sur la réduction des rentes , rejeté par la Chambre des Pairs, un homme guidé par les seules lumières du sens commun auroit été saisi d'un salutaire effroi ; il se seroit estimé heureux d'avoir échappé , comme par miracle , aux conséquences d'une si grande faute ; l'ambition même l'auroit rendu sage. Et combien de raisons nouvelles pour faire d'utiles réflexions !

A l'ouverture d'un règne, la politique et la raison ordonnent de semer dans les cœurs des germes de confiance et de sécurité , de faire penser à tous que leur fortune est en sûreté comme leur personne. Les opérations hardies et susceptibles de quelque danger répugnent au prince qui monte sur le trône M. Villèle devoit avoir une idée de cela, mais l'intérêt personnel est aveugle et sourd. L'insatiabilité n'a pu accorder un délai à la raison qui prescrivoit au moins d'attendre un moment favorable. Il a jeté l'indemnité aux émigrés comme une pomme de discorde au milieu de tous les Français, que Charles X veut rallier autour de son trône.

Si M. de Villèle avoit eu une étincelle de courage, s'il avoit eu le plus léger sentiment de ses devoirs, il auroit répondu à ceux qui parloient d'augmenter la dette de l'Etat : « Nous sortons à peine d'une crise dont les conséquences peuvent être terribles; l'alarme est encore dans les esprits; il seroit déraisonnable, impolitique, dangereux, de remuer aujourd'hui une si grande question. Laissons goûter au prince les heureuses prémices de son règne; ne répandons pas des ténèbres sur un horizon serein. J'ai vu des périls graves sortir d'une résolution que vous m'aviez fait adopter comme salutaire; je ne veux pas perdre une si forte leçon. »

Le ministre auroit pu ajouter : La perte du crédit a renversé l'antique monarchie ; la perte du crédit pourroit ébranler la nouvelle. Il ne faut pas alarmer une nation tout entière : tel auroit été le langage d'un ministre éclairé.

CHAPITRE XVI.

« Les avis sont partagés sur la capacité des ministres; les uns disent que ce sont des Sully, des Colbert; qu'ils possèdent la science universelle. D'autres plus sincères sont d'accord avec nous qu'ils ne savent rien, ou bien peu; mais qu'un président habile comme Decazes et Villèle peut à lui seul constituer un ministère de génie !

Le premier a vu tomber une foule de ministres et le duc de Berry; le second a vu disparoître les Montmorency, les Bellune, les Chateaubriand; il a vu mourir un roi; il a traversé toutes les fortunes, il a survécu à deux lois tombées, et il résiste encore à la plus grande impopularité qu'un ministre ait jamais bravée.

Il a su renoncer à tous ses amis, être ingrat envers un homme à qui il doit tout, et résister à la déconsidération universelle ! C'est là un mérite, et ce seroit ne pas s'y connoître que de nier celui-là ! Il faut le répéter, M. de Villèle est un homme de génie, un homme remarquable, un homme extraordinaire, un homme rare ! Puisqu'il a survécu à trois ministres, à la loi des rentes, à la mort de Louis XVIII, à l'abolition de la censure et à l'estime publique.

CHAPITRE XVII.

REMÒNTONS aux premiers jours du règne de Charles X, à l'abolition de la censure. Cette abolition fit éprouver à tous les bons Français un sentiment de reconnoissance pour notre monarque et son auguste fils : ce sentiment fut franchement et sincèrement exprimé par les cris de la liberté et du trône.

Le ministère seul se montra petit et vaniteux, débile, étroit et sans courage. Réduit à donner des excuses maladroites sur sa paralysie intellectuelle, il crut ne pouvoir se tirer d'affaire qu'en calomniant la nation ; *crime qui mérite mille fois la mort*, dit Montesquieu. [1]

Les ministres cauteleux, vaniteux et frauduleux, qui avoient besoin de bâillonner les écrivains qui n'avoient pas voulu se vendre, établirent la censure, et firent courir le bruit que le vrai motif de cette censure étoit la maladie du Roi !

Une ordonnance fondée sur une calomnie ministérielle ! Quel attentat à la morale publique, quel mépris de l'opinion, quelle dégradation du pouvoir ! On consulteroit en vain les annales de la France pour y trouver l'exemple d'un pareil scandale. Ce scandale étoit réservé à des ministres qui ont avoué hautement que la corruption étoit une partie de leur système ; qu'ils avoient le droit de commander aux consciences pour faire nommer des députés de leur choix.

CHAPITRE XVIII.

Le vrai motif de la censure fut donc la maladie du feu Roi. Ce motif fut aussi un nouvel outrage à la nation, une insulte à la majesté royale. Comment qualifier des ministres qui pensent que des choses sinistres pourroient se mêler à l'affliction générale ? Comment, qualifier des ministres qui connoissent si peu la nation française ? Si quelque chose avoit pu faire des ennemis aux Bourbons, c'étoit la censure qui glaçoit tout, qui étouffoit même l'expression du cœur. Que signifient des douleurs et des joies censurées?

,.Mais non , tous les motifs allégués par les ministres étoient faux ; ils vouloient seulement conserver leur pouvoir en réduisant au silence les amis de la vérité qui les accusent d'injustice, qui leur demandent compte de leurs manœuvres odieuses , de leur partialité , et de leur insolence.

Voilà les fautes qu'ils n'osèrent avouer, et qui les engagèrent à étouffer la voix des écrivains qu'ils n'avoient pu acheter. Il leur falloit le monopole de la presse ; ils avoient besoin d'administrer les pensées comme les consciences. C'est donc dans leur intérêt seul , et non dans l'intérêt public , qu'ils avoient créé ce tribunal secret d'inquisition.

CHAPITRE XIX.

Il est démontré que le ministère n'avoit établi la censure que pour son profit , que pour isoler la nation de la royauté. Qu'est-ce qu'un ministère qui a besoin d'acheter des journaux pour se maintenir? C'est un ministère méprisable qui, par ce seul fait, mérite d'être chassé : la splendeur royale doit dissiper la noirceur ministérielle.

On compare les ministres à une machine administrative, dont les ressorts et les rouages sont rouillés et hors de service. Cette machine roule encore, mais gâtée, mais aveugle, mais au gré de quiconque veut en user. Dieu et le Roi nous préservent bientôt de l'usage qu'en font les ministres pour prolongér leur funeste existence!

Vainqueurs de la Charte, que la main royale a jurée; leur victoire ne serviroit ni pour eux ni pour la couronne. Mauvais maîtres, ils sont encore mauvais serviteurs. Ils ont entouré la famille de Henri IV, de l'engeance qui le fit assassiner; ils veulent placer le trône au-dessous de la tiare, mais ils ne réussiront jamais!

Respect pour le monarque et la monarchie; haine pour le despotisme ministériel, et pour toutes les inquisitions qu'il voudroit établir.

CHAPITRE XX.

Pour approuver les jésuites, il faut déchirer l'histoire qui les accuse d'avoir :

Prêché la doctrine du régicide, l'expulsion de la maison de Bourbon, la Saint-Barthélemy, la conjuration des poudres ; la tentative d'assassinat sur Henri IV, par Barrière, par Jean Châtel, et par Ravaillac ; l'attentat sur Louis XV ; la révolte du Paraguay ; l'assassinat du roi de Portugal ; les troubles d'Espagne en 1766, etc.

Plusieurs révérends pères furent pendus dans ces occurrences, entre autres le père Guignard.

Il faut du courage pour, en présence de tant d'actes, de tant d'écrits, et au mépris de la chose jugée, se constituer l'apologiste des jésuites ! Il faut plus que du courage pour les défendre sous le règne du petit-fils d'Henri IV !

Les curés des campagnes proscrivent la danse qu'on ordonne à Paris ; un ministre qui étoit *presqu'aussi habile* que M. de Villèle, disoit : *ils chantent, ils dansent, ils paieront ;* il nous semble que M. de Villèle fait assez payer pour qu'on n'empêche pas de danser. Si l'on trouve des ministres, des congréganistes aux bals de Paris, pourquoi les défend-on dans les provinces? comment expliquer cela? par Escobard et compagnie.

Si le mot de Mazarin, *qu'on laisse danser puisqu'on paie*, est vrai, son Eminence l'évêque d'Hermopolis devroit écrire aux curés de laisser danser, car si l'on ne payoit pas, adieu les ministres.

CHAPITRE XXI.

Enfin les partisans de Villèle et de Corbière en sont réduits à leur dernier argument, à cet argument qu'on va prendre dans les cartons poudreux quand toute autre ressource est épuisée. « Vous dites que les ministres sont incapables : nous le pensons aussi ; qu'ils vont mal, que même ils ne peuvent plus aller : c'est notre opinion. Mais qui mettrez-vous à leur place ? »

Ecartons ce qu'il y a de bizarre et de ridicule dans cette manière de raisonner ; en pressant l'argument, on arriveroit à cette conséquence absurde : qu'il ne faut jamais changer de ministres, lors même que leur incapacité est prouvée. Qui pourroit, demandez-vous, remplacer les ministres du moment? nous répondrons : tout le monde.

Voulez-vous ne pas choisir parmi les talens signalés et les supériorités avouées? Eh bien! outre ces capacités reconnues dans les Chambres et hors des Chambres, il y a cent mille hommes de sens et de jugement infiniment supérieurs aux membres actuels du conseil, et qui conduiroient cent mille fois mieux la monarchie.

De quoi s'agit-il pour réussir beaucoup mieux que Corbière, Villèle, Franchet et Peyronnet? de ne pas faire ce qu'ils font, et de défaire, *autant que possible*, ce qu'ils ont fait. Qu'un ministère composé d'hommes sages et modérés paroisse, nous répondons qu'un quart d'heure après, le ministère tombé ne fera faute à personne ; et ces hommes dont on ne peut se passer, rentreront dans le profond oubli d'où jamais ils n'auroient dû sortir.

CHAPITRE XXII.

C'est souvent à tort qu'on accuse tous les ministres ; tandis que quatre hommes ont suffi pour tout flétrir, pour tout corrompre. Ceux-là font peser l'or sur les réputations, le glaive sur les consciences ; ils regardent comme suspect l'honneur des citoyens, comme hostile l'indépendance des magistrats ; ils foulent aux pieds la première des lois, la Charte qui a reçu le serment du souverain.

Les mains pleines d'or, ils bravent, ils dédaignent, ils méprisent le peuple qui le fournit ; ils ont le pouvoir et l'exploitent par eux seuls. Une idée les domine, c'est de le garder à tout prix. Leur portefeuille est leur dieu ; ils ne voient qu'un seul malheur à craindre, c'est de le perdre.

Leur ambition est sans bornes, leur amour-propre sans frein, leur cupidité insatiable. Pour eux une faute en appelle dix autres ; une déception n'est redressée que par de continuelles déceptions ; la honte d'un emprunt leur manque, elle est convertie par un second emprunt déguisé sous la forme d'une vente coupable. L'honneur de la couronne est mis en gage pour jouer aux désastres de l'agiotage, et de chute en chute on arrive à l'abîme.

« L'intérêt du trône et de la France est donc de chasser honteusement les quatre hommes qu'on devine sans les nommer. Puisse le Roi leur rendre la même justice que l'immense majorité de ses sujets !

CHAPITRE XXIII.

Le ministre gascon n'ose pas nier qu'il y a eu un gaspillage affreux dans l'administration des finances, et il confesse qu'il n'a pu l'empêcher! retirez-vous donc, administrateur inhabile! *Ce qui manque à l'armée*, disoit-il niaisement, *c'est un homme habile !* Tu te trompes, malheureux, cet homme habile manque au ministère des finances, à la présidence du conseil. Nos neveux seront étonnés qu'on ait pu te laisser dans cette charge-là, avec tant d'ineptie et de mauvaise foi.

D'ailleurs, un ministre qui ne peut se soutenir que par la corruption est trop cher; car chaque jour il faut qu'il corrompe davantage, et, en définitive, la France entière n'auroit pas assez d'argent pour fournir à ses prodigalités.

Les meilleurs politiques trouvent que la position de cet homme n'est pas tenable, qu'il n'aura pas la majorité à la session prochaine, qu'il n'a de ressource que dans la dissolution de la Chambre des Députés. Quel malheur si nous perdions les aigles de Gascogne et de Bretagne! Comment les remplacer?

CHAPITRE XXIV.

On ose dire que les contributions en France se paient avec facilité! O vous qui êtes salariés en raison inverse de votre utilité, parcourez nos hameaux, ministres qui dévorez en un jour le produit des sueurs d'une année de toute une commune; et vous surtout, satrape fastueux, qui avez englouti les contributions de dix départemens dans votre palais où les meubles le disputent et l'emportent sur ceux des plus fastueux monarques!

Venez et vous verrez ici l'huissier vendant le grabat où l'homme accablé par le travail, venoit chaque jour prendre des forces pour le travail du lendemain ; là , le garnisaire consommant le pain de la famille dont il redouble la misère ; de tout côté le contribuable courant chez l'usurier chercher des ressources pour se délivrer de l'un ou de l'autre.

Voilà comment les contributions se paient avec facilité ! voilà comment la France est florissante ! voilà jusqu'à quel point les ministres peuvent en imposer à d'heureux citadins qui ignorent ce qu'il en coûte de sueurs et de peines à celui qui fait naître l'épi nécessaire à leur existence !

CHAPITRE XXV.

La censure étoit si injuste que les censeurs mêmes n'osoient se nommer ; ils vouloient être à eux seuls la voix qui parle et l'écho qui répète ; mais ces jongleries ne sont plus de saison.

Loin d'affoiblir le pouvoir royal , la liberté de la presse le fortifie ; puisque cette liberté en l'éclairant lui donne le moyen d'être juste , et fort par conséquent. Asservir la liberté de la presse , ne sera jamais que l'acte d'une faction ;

ou d'un ministère qui voudra asservir la royauté et s'emparer du pouvoir.

Si on savoit le quitter ce pouvoir, une abdication volontaire eût pu, quoique tardive, désarmer la nation. Mais non, le ministère veut poursuivre sa carrière jusqu'au bout! Misérable calcul! tandis qu'il se maintient contre l'opinion universelle, sa durée même rend plus vif le désir de sa chute; plus il demeure, plus on scrute sa conduite.

Déchu dans l'opinion, ce ministère n'a plus qu'une existence matérielle, sa vie morale est passée; et ce qui lui reste de mouvement n'est qu'un effet machinal qui doit bientôt s'évanouir.

CHAPITRE XXVI.

Le bruit court que la liberté de la presse est de nouveau menacée, et que le ministère, incapable d'étayer son funeste système par le raisonnement, est réduit à invoquer le secours de la censure; c'est en imposant silence à ses adversaires qu'il voudroit affermir un pouvoir qui n'est dans ses mains qu'un instrument de dommage.

L'expérience en a déjà été faite ; et l'on se rappelle que la censure de M. Franchet étoit arrivée à un tel degré d'ineptie et d'insolence qu'elle ne pouvoit plus être supportée. La Charte étoit à l'index de la police, et l'indignation des Français étoit générale.

Après cela, le moyen de croire que le ministère veuille relever le sceptre inquisitorial de M. Franchet, dont le souvenir est si odieux ; il ne survivroit pas long-temps à un acte aussi répréhensible en lui-même et frappé d'une réprobation générale. En signant une ordonnance de censure, le ministère signeroit sa condamnation.

Au reste, l'impopularité de M. de Villèle est parvenue à ce degré qui ne lui permet pas de faire de plus grandes sottises. La loi du sacrilége, l'affaire Ouvrard, la vente d'Haïti, et les opérations de finances faites dans son intérêt personnel, le mettent déjà en état de prévention.

Partout c'est le même langage dans les provinces comme dans la capitale. Au théâtre même les moindres allusions sont saisies avec un empressement qui annonceroit à tout autre ministre la nécessité de se retirer. M. le président n'en juge pas ainsi ! lui resteroit-il encore du mal à faire ? !

CHAPITRE XXVII.

Les efforts tentés pour faire remonter les fonds de quelques centimes ne sauveront pas les auteurs de nos désastres, et ne leur rendront pas la confiance qu'ils ont à jamais perdue. Des ministres qui n'ont pas assez de pudeur pour se retirer dans une pareille position peuvent se traîner quelques jours au milieu de la défaveur publique ; mais ils sont blessés à mort. Tout se réduit pour eux, à savoir s'ils doivent offrir à l'opinion un sacrifice volontaire dont elle leur sauroit gré, ou s'ils doivent faire violence à la bonté du Roi, en forçant le monarque à leur commander la retraite.

Et quel regret peut-il leur rester ? N'ont-ils par parcouru tout le cercle des imprévoyances et des fautes ? n'ont-ils pas assumé toutes les blessures de la mauvaise fortune ? n'ont-ils pas fait le mal qu'ils pouvoient faire ?

Je le répète, la seule chose convenable qu'ils puissent faire pour eux et pour la France, c'est de se retirer, de faire leurs adieux aux porte-feuilles, aux salons dorés, et à la puissance.

Pourquoi appréhender ce quart d'heure d'abattement privé et de joie publique?

On parle d'un nouveau ministère composé d'hommes sages, modérés, et sincèrement attachés à la monarchie constitutionnelle, ennemis du pouvoir absolu et de l'ultramontanisme. Le temps est venu où l'on doit comprendre que l'adoption franche de la Charte et des intérêts généraux du pays est le seul moyen possible de gouvernement.

CHAPITRE XXVIII.

La convocation des Chambres approche, et il faut espérer que M. de Villèle sera bien aise d'aller revoir son pays d'où jamais il n'auroit dû sortir.

Placé au milieu de l'improbation de tout ce qui est homme, le ministère de M. de Villèle ne peut aller à moins de vouloir qu'il consomme tout-à-fait la perte de la France.

On a l'effronterie de dire que le ministère ne sauroit vivre avec la Charte jurée par Charles X! On ne détruiroit pas la Charte comme on renverse un ministère, qui n'a pas même un ami dans ses bureaux, et dont le nom ne seroit pas prononcé un quart d'heure après sa chute.

Déjà on se cache d'être ministériel comme on se cacheroit d'avoir une liaison fâcheuse. Si M. de Villèle croit avancer en retardant la convocation des Chambres, il se trompe : tous les jours l'opinion fait des progrès contre lui.

Il est vrai que, si la Chambre des Députés forme un acte d'accusation contre ce ministre, les griefs ne manqueront pas : le syndicat, l'affaire Ouvrard, la cession de Saint-Domingue, offrent d'immenses matériaux.

Tout le monde croit que le ministère actuel est dans l'impossibilité de marcher jusqu'à l'ouverture des Chambres ; on se demande qui le fera tomber ; on convient qu'il n'existe plus moralement ; qu'il faut un rien pour l'abattre ; que le moindre vent lui fera perdre l'équilibre.

CHAPITRE XXIX.

Il est impossible qu'on puisse améliorer l'administration avec M. Corbière et M. Franchet, remettre de l'ordre dans nos finances avec M. de

Villèle. On sait ce qu'ils ont fait; qu'on juge d'après cela de quoi ils sont capables.

L'existence politique de ces trois hommes est finie; ils sont debout encore; mais à peu près comme ces habitans d'Herculanum, ces ruines à faces humaines : de loin elles font une sorte d'illusion; touchez-les, ce n'est plus que poussière.

« Qui touchera nos ministres? Levons les yeux sur la royauté pour le savoir : du jour où elle étendra sur eux son doigt de justice, ils disparoîtront : tel est son privilége. L'opinion publique n'a pas épargné les avertissemens. Les ministériels les ont repoussés d'abord; mais peu à peu l'évidence les a gagnés, et aujourd'hui leur conviction égale la nôtre.

« On ne peut rien espérer de bon de la part des ministres qui gouvernent aujourd'hui; leur position est telle, que s'ils vouloient le bien, il ne pourroient pas le faire; dans leurs mains tout s'altère, tout se flétrit, tout change de nature.

CHAPITRE XXXI.

Tout le monde croyoit que Sa Majesté, le jour de sa fête, gratifieroit les Français de l'expulsion des ministres. Si le Moniteur eût annoncé le renvoi de quatre hommes, quel transport de joie dans toute la France ! comme les cris de *vive le Roi* auroient redoublé ! quelles acclamations ! quel bonheur ! la paix et la prospérité étoient assurées dans tout le royaume. Quand on eut le malheur d'apercevoir les ministres dans la foule, Dieu sait de quelles bénédictions leurs pas étoient accompagnés ! On ne pouvoit se lasser de parler des marchés Ouvrard, des 24 millions de 3 pour 100 dévorant un amortissement de 77 millions, le syndicat, l'indemnité avortante, Haïti cédée par ordonnance, la corruption et l'arbitraire ministériel, tout cela revenoit à la fois dans l'esprit des spectateurs.

Jamais ministres dans aucun pays ne sont parvenus au degré d'impopularité où sont arrivés les nôtres. On auroit désiré hier qu'ils n'eussent pas paru à la cour par égard pour le bonheur du peuple : leur présence attristoit les cœurs ; ils faisoient tache dans la joie publique.

Qu'il est doux pour les ministres de conserver un portefeuille à ce prix! Quel courage il faut pour se montrer en public, quand on est sûr d'en recevoir un pareil accueil! de quelle noble résignation ne faut-il pas être capable! quelle tenacité ! quelle intrépidité ministérielle !

CHAPITRE XXXI.

Biographie de tous les ministres depuis la révolution.

On est si las des ministres d'aujourd'hui, leurs fautes les ont tellement décrédités , le mal qu'ils ont fait a frappé tant de monde , que tout ce qui peut humilier leur vanité, arrêter leur ambition, dévoiler leur nullité, amener leur disgrâce, est accueilli avec transport par la France entière. Le succès de la *Biographie des ministres* suffit pour le prouver ; vingt mille exemplaires ont été vendus dans vingt jours !

Le lecteur de cet ouvrage écrit avec une énergie rare et un charme extraordinaire, passe rapidement sur cent quarante-neuf ministres, pour arriver au plus décrié que tout le monde devineroit sans le nommer.

Il parle de sa politique tortueuse, de ses vues étroites, de ses plans ruineux, de son ambition insatiable, de l'indemnité chimérique, de son luxe désordonné, de sa ruse, de ses talens pour l'agiotage, etc. Rien n'y seroit oublié si l'auteur y avoit ajouté un fait, qui n'est guère connu, et le portrait qu'on a déjà fait connoître.

Né à Toulouse, en 1773, son père n'étoit ni noble, ni roturier, ni pauvre, ni riche. Il paroît que la vue de la Garonne, sur les bords de laquelle il a reçu le jour, lui inspira, jeune encore, le goût de la navigation, dont il fit l'apprentissage sur le canal du Languedoc.

Puis, il partit pour l'Inde avec son parent, M. de Saint-Félix. Arrivés à l'Ile-Bourbon, ils se firent présenter au Club; et lorsque l'exaltation força tous les braves gens à quitter cette île, M. Joseph de Villèle ne craignit pas d'y rester. On assure qu'il avoit donné des garanties au nouvel ordre de choses.

Le biographe passant rapidement sur le séjour du Gascon à l'île de Bourbon, le prend à

son retour en France ; il raconte à sa manière ,
tout ce qu'il a fait avant et après la restauration ; et par l'examen de sa conduite ultérieure ,
il trouve qu'il n'étoit pas de bonne foi dans sa
conduite précédente. Puis , donnant à son portrait le dernier coup de pinceau, voilà ce qu'il
ajoute :

Ce géant de renommée, ce Stentor dont la
voix retentit au bout de l'univers ; ce chef qui
fait fléchir sous son autorité plébéienne, les des-
cendans des plus nobles maisons, devant qui
se taisent et les grands noms et le faste des gé-
néalogies, n'a pas cinq pieds de hauteur ; son
corps est maigre et chétif, sa voix aigre et nazil-
larde, et sa figure, d'une laideur, sans pareille ,
approche de celle du singe.

Cet homme, dont Homère n'auroit pas voulu
pour le marmiton d'un de ses héros ; qui se joue,
lorsqu'il lui plaît, des libertés publiques; qui met,
quand bon lui semble , sa volonté à la place de
la loi ; qui a transformé le gouvernement en
coterie, et la France en une Bourse d'agiotage,
est loin d'être un génie ni même un aiglon.

Malgré ses ruses et les connoissances d'un
petit commis de finances , il seroit resté au troisième rang, si les royalistes ne l'eussent poussé :
aussi assure-t-on que, dans un moment d'ex-

pansion au sein de l'amitié, on lui a entendu dire :

> Dis-moi, cher Lapanouze,
> Qu'eussé-je été sans eux? le maire de Toulouse.

CHAPITRE XXXII.

L'AUTEUR de la Biographie, dont il est parlé dans le chapitre précédent, trouve deux hommes dans un seul, et celui-là est Corbière ! Le premier de ces Corbière avoit demandé la liberté de la presse, et le second a voulu l'anéantir ; le premier ne vouloit placer que des royalistes, et le second a privé les royalistes des emplois ; le premier proposoit de rétablir les électeurs, pour éviter les supercheries ministérielles, et le second a mis en œuvre toutes les supercheries ministérielles, pour empêcher les électeurs de voter selon leurs consciences ; le premier vouloit qu'on récompensât les gens de lettres, et le second accorde toutes les faveurs à des intrigans sans mérite.

Qui le croiroit ! quatre hommes ont tout flétri, tout corrompu, tout avili ; il font peser l'or

sur les réputations ; le glaive sur les consciences ; ils regardent comme suspect l'honneur des
citoyens , comme hostile l'indépendance des
magistrats ; ils foulent à leurs pieds la Charte
que la main royale a jurée.

Voilà le ver qui ronge le corps social , et qui
tuera la monarchie si on ne l'écrase.

CHAPITRE XXXIII.

PAUVRE 3 pour 100 ! sa déroute est complète.
Les Feuilles vendues donnent elles-mêmes le
bulletin de sa longue agonie ; elles signalent
l'homme sur qui doit peser la responsabilité de
sa naissance et de sa mort.

Que répondra M. de Villèle aux rentiers qui
l'accusent d'avoir voulu les dépouiller , et à
cette foule de familles qu'il a dépouillées? Nous
serions gens à lui donner un bon conseil; mais
voudroit-il en profiter? Venant de notre part,
il lui seroit peut-être suspect. Prenons donc
une voie détournée.

Eh bien! nous engageons M. de Villèle à
prendre la tragédie d'Esther, et d'aller droit à

la première scène du troisième acte , entre le ministre *Aman* , et Zarès , sa prudente épouse. C'est là, qu'il pourra se voir comme dans un miroir :

> Et ne craignez-vous point que quelque avis funeste. .
> Enfin la cour vous hait, le peuple vous déteste...
> La chute désormais ne peut être qu'horrible·
> Osez chercher ailleurs un destin plus paisible...
> Aux malices du sort enfin dérobez-vous,
> Nos plus riches trésors marcheront devant vous.

Le conseil étoit bon ; mais parler prudence à un ambitieux ! conseiller la retraite à un ministre ! Bonne Zarès, vos avis furent dédaignés, votre sagesse fut méconnue , et votre mari fut pendu.

CHAPITRE XXXIV.

Tout le monde s'accorde à dire que le système de finances de M. de Villèle a fini par enfanter une ânerie sans exemple ; et tout le monde se trompe, excepté M. de Sarran, qui a deviné le mot de l'énigme : « Que vouloit, dit-il, M. de

» Villèle, de l'or? Eh bien! il falloit apaiser
» sa faim! Il a dévoré le syndicat, il a dévoré
» l'indemnité. il dévorera la France entière si
» on le laisse faire. »

M. de Sarran a raison, et M. de Villèle n'a
pas tort; mais combien ne sont-ils pas coupables
ceux qui, profitant de l'impéritie d'un pareil ministre, en ont fait un instrument d'agiotage si
funeste!

Ses fautes sont innombrables; et l'on est forcé
de reconnoître enfin, que son administration
est un véritable fléau pour la France. Il prend
l'entêtement pour la vertu d'un homme d'État,
et la matoiserie pour la science. De là une situa-
tion désespérante et les grands désastres qui
menacent la patrie. De quels remords ne seroit
pas déchiré le cœur d'un homme de bien?

On remarque le silence qui règne dans le ministère, où naguère tant de voix s'élevoient pour
tromper le public, et l'attirer dans le piége où
il est tombé. On ne manquoit point d'argu-
mens, lorsqu'il s'agissoit de répandre de fausses
espérances; on n'en a plus depuis qu'il s'agit
de consoler les victimes qu'on a faites.

CHAPITRE XXXV.

Qui accélère la chute d'un gouvernement? C'est la corruption des ministres. S'ils proscrivent le dévouement, le mérite, les services, la vertu, les talens, le savoir et la capacité; s'ils corrompent et achètent les consciences; s'il violent la Charte; s'ils se conduisent en despotes, en tyrans, et qu'ils cherchent à détruire les libertés publiques, etc., etc., n'en provoquent-ils pas les causes, les motifs et les élémens?

C'est par de tels moyens qu'un Gascon et trois autres ambitieux ont ranimé dans notre malheureuse France les cendres du républicanisme et les chimères de l'égalité. Une sourde fermentation se fait entendre, et un seul remède peut la calmer : c'est l'exécution des promesses royales, c'est le respect dû à la Charte émanée du trône.

Les petits hommes qui ne veulent pas se soumettre à la loi fondamentale, que leur maître a jurée, ne sont pas dignes de le conseiller. Il est temps de les chasser; ils poussent la monarchie dans l'abîme d'un révolution, d'où il sortira tout ce que voudra la Providence.

Qu'ils s'en aillent plutôt ces ministres qui ne connoissent que la démoralisation, la corruption, l'arbitraire, moyens qu'ils emploient pour se soutenir dans une position qui n'est plus tenable. Dans la consternation publique, on se demande s'il y a encore des ministres.

Attendez-vous pour réparer le mal, que le mal soit à son comble? Dans ce cas, regardez autour de vous, et vous verrez que le moment est arrivé. Attendez-vous pour connoître la vérité que le désespoir la dise et la proclame? Ecoutez ce qu'on dit dans la capitale et dans toutes les provinces.

CHAPITRE XXXVI.

LE ministère est arrivé à ce point de défaveur dans l'opinion, que si son chef se montroit dans une réunion publique, il auroit à craindre de recevoir les marques de l'indignation générale. Il est heureux, par exemple, que, M. de Villèle n'aime pas le spectacle. S'il y alloit, il seroit bien possible qu'il ne rentrât plus à l'hôtel de Rivoli.

Cet homme est la source du mal; et il fait crier contre ce mal, comme s'il n'étoit point son ouvrage. Ce qu'il voit est la conséquence de ce qu'il a fait; il recueille ce qu'il a semé. Toutes les occasions de lui témoigner l'animadversion publique sont saisies avec avidité. Comment pourroit-il en être autrement? Quelle opinion n'a pas été trompée? quelle amitié n'a pas été trahie?

Quelle mesure lui a réussi? Que sont devenus les 3 pour 100, l'indemnité, l'affaire Ouvrard, les affaires d'Espagne, le procès de tendance? Que lui est-il arrivé pour avoir voulu remuer

la France si belle, si prospère, et qui n'avoit
pas besoin de l'agitation que sa folle main lui
a communiquée? Il se vante d'avoir fait disparoître les partis! cela est vrai.

Il y a unanimité, mais c'est dans l'opposition
que tous les partis font à M. de Villèle et à son
déplorable système. Les circonstances sont
graves, très-graves, et depuis quelques jours la
manifestation de l'opinion est telle qu'on ne peut
plus fermer les yeux. S'il reste encore à cet
homme une goutte de sang dans les veines, qu'il
avoue ses fautes, qu'il reconnoisse le mal qu'il
a fait au trône et à la patrie. Qu'il se retire au-
près de son immense trésor, pour y jouir d'un
repos que personne n'ira troubler!

CHAPITRE XXXVII.

Il est prouvé, j'espère, que les ministres ont
abandonné leurs anciennes doctrines, renié
leurs amis, trafiqué de leur conscience. S'ils
n'avoient été mus par une ambition person-
nelle, ils auroient pris une autre route; elle leur
étoit ouverte, large, facile, honorable, même

dans le sens de leurs âmes communes et de leur esprit ordinaire.

Alors le mal se fût fait en paix, on eût à l'aise ruiné le crédit, semé la corruption, étouffé les libertés publiques sans trouver de résistance ; et les hommes qui veulent encore l'honneur, la prospérité, l'indépendance de leur patrie, dispersés, isolés, découragés, auroient laissé la victoire à l'incapacité triomphante.

Placés dans cette alternative, ils ont choisi et préféré leurs intérêts particuliers aux intérêts de leur pays. Mais de quoi s'agit-il ici ? d'hommes qui ne vaudroient pas la peine qu'on s'occupât d'eux, si la puissance de faire du mal ne leur appartenoit spécialement.

Au dehors, ils ont mis en danger tous les principes de la monarchie. Au dedans, ils ont essayé de tout corrompre, de nous ravir nos plus précieuses libertés, d'enchaîner l'indépendance des tribunaux, de dépouiller la fortune publique de sa sûreté et de ses gages, d'acheter les consciences, de pactiser avec les principes, etc., etc.

Ministres infidèles ! vous avez repoussé toutes les légitimités naturelles ! les services, les talens, les vertus, les doctrines ! Chacun de vos actes est une lâcheté, chacune des expressions du peuple est une malédiction, une imprécation,

un anathème ! La France vous fut remise riche,
brillante, rajeunie, glorieuse, prépondérante ;
vos mains débiles ont tout gâté.

Malheureux ! qu'avez-vous fait ? que vous
reste-t-il à faire ? à vous retirer ou à vous jeter
dans les violences. Mais détruire la liberté de
la presse, casser la Chambre des Députés, ce
seroit vous précipiter dans l'abîme au lieu d'y
descendre. Allez plutôt, allez dormir en paix,
si vous le pouvez.

CHAPITRE XXXVIII.

Le bruit court d'un changement de ministres ; mais il y a des raisons pour le croire con-
trouvé ; les finances et le crédit public sont
dans un si effroyable désordre, que personne
n'ose en prendre la direction. Plusieurs hommes
d'Etat ont déjà reculé devant le terrible héritage
dont M. de Villèle menace son successeur. Ce
ministre a trouvé un admirable moyen de se
rendre inamovible !

Il nous semble qu'il seroit à propos d'exa-
miner un fait de cette importance. On ne peut

pas ignorer que le bruit s'accrédite qu'il y a un grand désordre dans les finances, et l'on entend par ces mots un désordre particulier indépendant du malaise général résultant de l'état périlleux où M. de Villèle a placé le crédit public.

Pour obvier à cet inconvénient, une Feuille vendue semble annoncer de nouveau le rétablissement de la censure. Nous sommes peu effrayés de cette menace. La liberté de la presse est garantie par la Charte et par d'augustes sermens ; elle est dans nos institutions, dans nos besoins, dans nos mœurs ; elle est la sauvegarde du crédit public, et de toutes nos libertés civiles et religieuses ; elle est impérissable.

Enfin, il est prouvé que le ministère actuel ne peut plus rester sans danger pour la monarchie ; que sa présence aux affaires agite et irrite tous les esprits, et que le mal qu'il a fait veut un remède. Pour le guérir, que fait le ministère ? il s'endort au bruit de l'orage, et ne répond aux alarmes de la patrie que par les expressions de son égoïsme.

2.   Qui le sait et le souffre à part à l'infamie.

CHAPITRE XXXIX.

On assure que la plus grande division règne entre le ministre, le syndicat, et les banquiers qui, pour faire réussir la conversion, s'étoient chargés de rentes d'une manière tout-à-fait hors de proportion avec leurs moyens : ils s'accusent mutuellement ; à l'armée, parmi les généraux, il en est de même dans une déroute.

Un seul homme paroît se réjouir au milieu des ruines qui sont son ouvrage ! Malheureux ! qu'il entende les malédictions de tous ceux qui ont eu la foiblesse de croire à ses promesses ! Les avertissemens n'ont pas manqué : mais il a voulu ne rien voir, ne rien entendre, il s'est livré au délire de l'agiotage, il a tué le crédit, il s'est perdu lui-même.

Qu'il disparoisse ! et, qu'en suivant une marche toute contraire, son successeur entre dans une carrière de gloire et de prospérité. En vain se flatte-t-il d'échapper à la vindicte publique, en se présentant aux Chambres avec un excédant de 4o millions ! beau mérite de payer 4o millions de plus à un peuple qui paie un milliard de contributions !

Quelle pitié de chercher une recommandation dans de semblables titres ! Diminuez vos dépenses, livrez - vous moins à la ra....., et vous pourrez vous présenter aux Chambres avec assurance. Mais craignez leur réunion quand les malédictions de tout un peuple vous accompagnent à la tribune, quand vous avez offensé toutes les classes de la société. Jamais un ministre n'a excité un mécontentement aussi général.

Dans les provinces, la disposition des esprits est la même que dans la capitale. Si les rapports de tous les préfets ne suffisent pas pour vous faire connoître l'esprit public, adressez-vous aux députés qui arrivent des départemens pour la session prochaine ! Quelle effrayante unanimité !

CONCLUSION.

Ministres pendus.

EN 1277, sous Philippe-le-Hardi, *Pierre de Brosse* fut pendu comme perfide et simple concussionnaire. — En 1315, sous Louis-le-Hutin, *Marigny* fut pendu ; il avoit emprunté quelques petites sommes au trésor, et volé un peu de bois pour se chauffer. Le pauvre homme ! — En 1322, *Gérard de la Guette* fut pendu ; il avoit ajouté aux impôts, et reçu quelques petits pots-de-vin. Incroyable !

En 1328, *Remi de Montigny* fut pendu ; il avoit adopté un faux système de finances, et volé quinze millions. Excusez du peu ! — En 1333, *Remond de Sirand* fut pendu pour la même étourderie. On alloit vite en besogne ! — En 1358, *Jean Baillet* et son confrère furent assommés et pendus par le peuple, qu'ils faisoient mourir de faim.

En 1409, *Jean Montaigu* fut pendu pour avoir trouvé de nouveaux impôts. Il laissa son secret. — En 1491, *Olivier le Daim* fit ses petites affaires sous Louis XI : il fut pendu sous Charles VII. Quelle ingratitude ! — En 1527, *Jacques de Beaune* avoit reçu 400 mille écus pour envoyer au général Lautrec, il trouva plus de son goût de faire bâtir un hôtel. Quand il fut fini, on le pendit au toit, en place du bouquet des maçons.

En 1617, Concini ferma la marche ; total : onze ministres pendus, et tous ensemble n'avoient pas volé soixante millions. Depuis ce temps on a banni cet usage, et nos ministres peuvent vivre en repos.

M. de Villèle vouloit que l'affaire Ouvrard fût étouffée, et au contraire elle va être livrée au grand jour. S'il faut en croire les bruits qui circulent, l'instruction a été dirigée contre lui-même, et c'est lui qui, au moins autant que les autres parties, a été renvoyé devant la Cour des Pairs.

Tout le monde sait que la Cour royale s'est déclarée incompétente, et cette déclaration donne un nouvel aliment à la pensée, que le véritable coupable n'est ni Pair de France, ni militaire, ni même fournisseur d'armée.

La source de cette affaire avoit été aperçue par le général Foy ; il l'indiqua avec beaucoup de clarté et d'une manière très-piquante : il parla du cabinet du ministre , et le ministre , qui lui succéda à la tribune, feignit de ne pas l'avoir entendu. Ce silence fit placer M. de Villèle en état de prévention.

C'est lui qui fit nommer une commission d'enquête , et c'est sous son influence que le rapport de cette commission a été fait ; mais ce n'est pas dans l'intérêt public que M. de Villèle prit ces mesures , c'est dans le sien. Le général Guilleminot et le général Bordesoulle , pour se disculper, seront obligés d'accuser le ministre.

FIN.